BEI GRIN MACHT SICH IHR WISSEN BEZAHLT

- Wir veröffentlichen Ihre Hausarbeit, Bachelor- und Masterarbeit

- Ihr eigenes eBook und Buch - weltweit in allen wichtigen Shops

- Verdienen Sie an jedem Verkauf

Jetzt bei www.GRIN.com hochladen und kostenlos publizieren

Die Effektivität von Sprachlern-Apps zur Optimierung von Zeit- und Selbstmanagement im Fremdspracherwerb

GRIN ☺

Bibliografische Information der Deutschen Nationalbibliothek:

Die Deutsche Nationalbibliothek verzeichnet diese Publikation in der Deutschen Nationalbibliografie; detaillierte bibliografische Daten sind im Internet über http://dnb.d-nb.de abrufbar.

ISBN: 9783346788382
Dieses Buch ist auch als E-Book erhältlich.

Druck und Bindung: Books on Demand GmbH, Norderstedt Germany
Gedruckt auf säurefreiem Papier aus verantwortungsvollen Quellen

Das vorliegende Werk wurde sorgfältig erarbeitet. Dennoch übernehmen Autoren und Verlag für die Richtigkeit von Angaben, Hinweisen, Links und Ratschlägen sowie eventuelle Druckfehler keine Haftung.

Das Buch bei GRIN: https://www.grin.com/document/1281803

FOM Hochschule für Oekonomie & Management

Hochschulzentrum Dortmund

Berufsbegleitender Studiengang zum

Bachelor of Arts (B.A.) – International Management

2. Semester

Seminararbeit im Modul

Wissenschaftliches Arbeiten

über das Thema

Optimierungsansätze im Kompetenz- & Selbstmanagement

Die Effektivität von Sprachlern-Apps in Bezug zur Optimierung von Zeit- & Selbstmanagement im Fremdspracherwerb mithilfe digitaler Medien

Inhaltsverzeichnis

1 Einleitung

1.1 Gender Erklärung

Für die folgenden formulierten Texte wird ausdrücklich eine männliche Schreibweise verwendet. Dadurch sollen eine bessere sprachliche Lesbarkeit und ein höheres Textverständnis gewahrt bleiben. Sämtliche Personen und Bezeichnungen beziehen sich dabei gleichermaßen auf alle Geschlechter.

1.2 Problemstellung

Die Welt ist vernetzter als je zuvor. Durch die Globalisierung wächst die Welt zusammen und wir können innerhalb kürzester Zeit in anderen Ländern und Kulturen reisen und über digitale Medien weltweit kommunizieren. Aufgrund dieser Entwicklung wird es immer essenzieller, dass man sich mit fremden Kulturen verständigen kann. Ob bei der Arbeit, im Urlaub, im Café oder auf der Straße, man hat immer mehr Kontakt zu Personen anderer Herkunft. Infolgedessen werden Sprachen immer wichtiger. Deshalb wird der sichere Umgang mit fremden Sprachen besonders in der heutigen Arbeitswelt vorausgesetzt. Um eine Sprache so sprechen zu können, dass man im Job unter Kollegen oder Kunden kommunizieren kann oder sich im Urlaub mit einheimischen, unterhalten und verständigen kann benötigt man mehr als den Kontakt mit der Sprache durch beispielsweise Soziale Netzwerke oder Videos. Man kommt in der Schule in den ersten Jahren häufig nur in Kontakt mit der englischen Sprache und auch durch die Medien wird man häufig mit der englischen Sprache konfrontiert. Deshalb „[erfordert] eine digitale und sich schnell ändernde Gesellschaft neue Formen des Lernens"[1]. Auch die Covid-19 Pandemie hat gezeigt, was für ein wichtige Rolle digitale Medien und Lernplattformen in unserem Leben spielen können. Deshalb greifen immer mehr Menschen zu online Sprachkursen und Apps wie beispielsweise Duolingo oder Babbel. Diese Apps und viele andere Plattformen bieten das Sprachenlernen auf dem Smartphone oder anderen digitalen Medien an.

---

[1] ZEIT ONLINE, Lernvideos, 2021, o. S.

1.3 Zielsetzung und Struktur der Arbeit

Im Rahmen der Digitalisierung werden immer mehr Dinge online auf digitalen Medien angeboten. So auch das Lernen von Fremdsprachen. Statt in eine Sprachschule zu gehen bieten verschiedenste Anbieter das Sprachenlernen vom Handy oder Computer aus an. Aber helfen diese Lernplattformen wirklich oder ist die konservative Sprachschule oder -reise die erfolgversprechendere Variante? Und wie wirkt sich diese neue Art des Fremdspracherwerbs auf unser Zeit- & Selbstmanagement aus? Bleiben wir konsequent am Ball und lernen die Sprache kontinuierlich oder ist es fördernder, wenn wir jede Woche in eine Sprachschule gehen würden, welche wir nicht so einfach ausfallen lassen können wie eine Einheit am Computer oder Tablet.

Um die zuvor genannte Problemstellung zu lösen werden zu Beginn Begriffe, welche zum Verständnis der Arbeit essentiell sind, geklärt. Im Anschluss werden verschiedene Lerntheorien erläutert und verglichen. Die Strategie sowie Vor- und Nachteile von Sprachlern-Apps werden erklärt und im Anschluss mit den Lerntheorien verglichen. Am Ende wird die Leitfrage auf Basis die gewonnenen Erkenntnisse beantwortet und eine Handlungsempfehlung ausgesprochen.

2 Grundlagen und Begriffserklärungen

2.1 Begriffsbestimmung und Historie

2.1.1 Spracherwerb

Der Spracherwerb von Kindern hat unterschiedliche Einflussfaktoren wovon einige im Folgenden erläutert werden. Es gibt beispielsweise „universelle angeborene Prinzipien in den Grammatiken der verschiedenen Sprachen (generative Grammatik)"[2]. Das bedeutet, dass das Kind „keine Einzellaute, sondern globale Sprachmuster und Sprachstrukturen"[3]

---

[2] *Spektrum.de*, Spracherwerb, 2000, o. S.
[3] Ebd.

lernt. Hinzu kommen sogenannte umweltbedingte Faktoren, durch welche „der Sprach-erwerb ... durch Imitation der Erwachsenensprache [erfolgt]"[4] Je nach Umfeld und Entwicklung hat ein Kind mit vier Jahren die grammatikalischen Grundstrukturen der Erstsprache erworben.[5]

2.1.2 Fremdspracherwerb

Während der Erstspracherwerb das Lernen einer Sprache bis zum dritten Lebensjahr beschreibt, ist beim Zweitspracherwerb die Rede, wenn die Sprache nach dem dritten Lebensjahr erlernt wurde.[6] Wenn man eine Sprache erlernt, wobei es sich nicht um eine Umgebungssprache handelt spricht man von einem Fremdspracherwerb.[7]

2.1.3 Selbstmanagement

Selbstmanagement beschreibt den Prozess, sich selbst für seine eigene Entwicklung, egal ob beruflich oder persönlich, einzusetzen. Dazu gehört unteranderem sich selbst für etwas zu motivieren und so die Arbeit oder eine bestimmte Aufgabe bestmöglich absolvieren zu können. „Selbstmanagement wird häufig als Technik oder Strategie der Selbstregulation gesehen, bei der Ziele und deren Umsetzung in Verhalten zentrale Komponenten sind."[8] Das heißt, dass man an sich selbst arbeitet um die persönlichen und beruflichen Verhaltensweisen und Eigenschaften zu erhalten beziehungsweise sich anzueignen, die man sich wünscht und vorstellt.

2.1.4 Zeitmanagement

Um seinen Tag oder die Woche zu Planen teilt sich der Mensch seine Zeit persönlich ein. Jedes Ereignis und jede Handlung werden dabei bewertet und einer bestimmten Dringlichkeit und Dauer zugeordnet. Auf Basis dieser Analyse teilen wir den Aufgaben eine

---

[4] Ebd.
[5] Vgl. *Mercator Institut,* Erstspracherwerb, 2021, o. S.
[6] Vgl. ebd.
[7] Vgl. ebd.
[8] *Weisweiler, S., Dirscherl, B., Braumandl, I.,* Zeit- & Selbstmanagement, 2013, S. 44 f.

bestimmte Zeit und Reihenfolge zu. Wenn man sich entscheidet Zeit in eine Handlung zu investieren „wird gleichzeitig entschieden, dass diese (Lebens-)Zeit damit nicht für andere Aktivitäten zur Verfügung steht."[9]

2.1.5 E-Learning

Der Begriff E-Learning kam etwa 1999 als Neologismus auf, welcher zur Familie der E-Begriffe (engl. e-terms) gehört.[10] Das E in dem Begriff bezeichnet das englische Wort „electronic" welches für elektronische Prozesse oder Anwendungen steht. Ist die Rede von E-Learning bezieht man sich auf das Aneignen von Wissen oder Fähigkeiten im digitalen Bereich beziehungsweise über digitale Programme und Anwendungen. E-Learning bezeichnet beispielsweise den Prozess eine Sprache über den Computer oder eine App auf dem Handy zu lernen. Diese Methode kommt nicht nur im privaten, sondern auch in Bildungseinrichtungen vermehrt zum Einsatz. Vorteile sind zum einen die Flexibilität, dass man beispielsweise verschiedene Programme oder Schreibtools nutzen kann. Zum anderen, wird durch die Nutzung der Verbrauch von Papier reduziert.

2.2 Ziele und Aufgaben von Sprachlern-Apps

Das Kernziel einer jeden Sprachlern-App ist das heranführen und beibringen einer neuen Sprache. Der Benutzer der App hat das Ziel eine für ihn fremde Sprache zu erlernen und nutzt dafür eine App oder Programme auf einem Computer. Diese Apps oder Programme sind überwiegend kostenpflichtig. Meist schließt der Benutzer ein Abo ab, durch welches er in einer festgelegten Periode (meist monatlich oder halbjährlich) einen Betrag für die App oder das Programm bezahlt. Aus wirtschaftlicher Sicht der App Entwickler ist es auf der einen Seite wichtig, Kunden möglichst lange zu halten um möglichst viel Gewinn mit jedem Kunden beziehungsweise Benutzer zu erwirtschaften. Auf der anderen Seite muss der Benutzer Fortschritte erzielen um nicht das Interesse oder die Motivation am Lernen

---

[9] *Kleinmann, M., König, C.,* Zeitmanagement, 2013, S. 2
[10] Vgl. *Treumann, K. P., Ganguin, S., Arens, M.,* E-Learning, 2012, S. 38

zu verlieren. Folgen können die Aufgabe des Spracherwerbsprozess sein oder die Nutzung eines Alternativprogramms oder App. Für den Benutzer ist es also wichtig, regelmäßige Erfolgserlebnisse zu erzielen um weiterhin motiviert zu bleiben. Um den Nutzer kontinuierlich zu motivieren werden in konstanten Abständen Push-Mitteilungen an den Nutzer gesendet. Dadurch wird man nach gewisser Zeit daran erinnert, seinen Lernprozess fortzuführen. Ohne diese Push-Mitteilungen auf dem Handy würden viele Benutzer das Lernen vergessen und somit die App nicht mehr, beziehungsweise weniger nutzen. Als Folge würde der App-Anbieter weniger verdienen. Es ist deshalb in beidseitigem Interesse, die App zu nutzen. So erzielen beide Parteien, der Entwickler und der Nutzer, ihr Ziel beziehungsweise gewünschtes Ergebnis.

3 Wesentliche Lerntheorien

3.1 Behaviorismus

Eine wesentliche Lernstrategie ist der Behaviorismus. Beim Behaviorismus wird laut Peter Baumgartner „Lernen .. als konditionierter Reflex gesehen, der durch Adaption erworben wird."[11]. Man nimmt Reize aus der Umwelt wahr und adaptiert diese auf sein eigenes Verhalten. Dieses Reiz-Reaktionslernen ist anders als der Kognitivismus „nicht an bewussten (kognitiven) Steuerungsprozessen, sondern vor allem an Verhaltenssteuerung interessiert."[12] Um jemandem etwas beizubringen, präsentiert man also das Verhalten und erhält daraufhin eine Reaktion. Alle Reaktionen auf bestimmte Situationen sind laut der Theorie des Behaviorismus nicht angeboren, sondern erlernt.

Zwei Lernmechanismen im Behaviorismus sind das Klassische Konditionieren von Iwan Pawlow und das Operante Konditionieren von Burrhus F. Skinner. Das klassische Konditionieren beschreibt eine bestimmte Reaktion auf einen Reiz. So erkannte Pawlow, dass ein Hund bei dem Anblick eines Futternapfes als Reaktion eine erhöhte Speichelproduktion aufweist. Wird nun ein neutraler Reiz mit dem Reiz des Futternapfes verbunden wird auch der neutrale Reiz vom Hund als ein unkonditionierter Reiz wahrgenommen. Daraus folgt, dass der eigentliche neutrale Reiz im Anschluss genau wie der unkonditionierte

---

[11] *Baumgartner, P.*, Lerntheorien, 2003, S. 3
[12] Ebd.

Reiz vermehrten Speichelfluss hervorruft.[13] Das operante Konditionieren zeichnet sich durch das Lernen durch Verstärkung und Bestrafung aus. Auf bestimmtes Verhalten folgen Konsequenzen, welche das Verhalten beeinflussen. So werden beispielsweise angenehme Konsequenzen durch adäquates Verhalten herbeigeführt und unangenehme Konsequenzen durch adäquates Verhalten beseitigt.

3.2   Kognitivismus

Eine weitere wesentliche Lernstrategie ist der Kognitivismus. Anders als beim Behaviorismus betont der Kognitivismus „die inneren Prozesse des menschlichen Hirns und versucht, diese Prozesse zu unterscheiden zu untersuchen und miteinander ihrer jeweiligen Funktion in Beziehung zu setzen."[14]. Der Mensch ist laut dem Kognitivismus in der Lage Informationen aufzunehmen, zu verarbeiten, abzuspeichern und anzuwenden. Eine wichtige Rolle für die Anwendung spielen die kognitiven Prozesse. Darunter fallen zum Beispiel Wahrnehmung, Aufmerksamkeit, Gedächtnis, Vorwissen oder Motivation. Mithilfe dieser Prozesse erlernt man ein bestimmtes Verhalten ohne es selbst auszuprobieren oder die Konsequenzen zu spüren. Es wird gelernt indem der Lernende das Verhalten anderer beobachtet. Um den bestmöglichen Lernerfolg zu erzielen müssen „die Lerninhalte entsprechend aufbereitet werden"[15]. Zunächst muss die Aufmerksamkeit geweckt werden, und das Vorwissen aktiviert werden. Die Aufmerksamkeit wird hergestellt, indem der zu lernende Stoff unbekannt und abwechslungsreich gestaltet ist. Um das Vorwissen zu aktivieren sollte sich „zu Beginn eines Lernvorgangs ... ein kurzer Überblick über den folgenden Lernstoff gegeben werden."[16]. Um den Wahrnehmungsprozess zu unterstützen „sollten [die Lerninhalte] so aufbereitet werden, dass sie vom Lernenden leicht wahrnehmbar sind."[17] Abschließend ist eine Kontrolle und Überprüfung des Wissens wichtig um bei Verbesserungen anzugehen und das Wissen zu vertiefen.[18] Nach der Theorie des Kognitivismus sind mithilfe dieser Aspekte die Voraussetzungen zum Lernen geschaffen.

---

[13] Vlg. *Bonnemann, D., Rickal, T.,* Konditionierung, 1998, o. S.
[14] *Baumgartner, P.,* Lerntheorien, 2003, S. 3
[15] *Höhne, S.,* Kognitivismus, 2015, o. S.
[16] Ebd.
[17] Ebd.
[18] Vgl. ebd.

3.3 Konstruktivismus

Der Konstruktivismus kennzeichnet sich durch den Zweifel an dem Glauben, dass Wissen und Wirklichkeit übereinstimmen, aus. „Der Konstruktivismus postuliert, dass Wissen nicht das Ergebnis eines Abbildes im Sinn eines Entdeckens der objektiv vorliegenden Wirklichkeit ist, sondern das Ergebnis eines Erfindens der Wirklichkeit."[19] Das heißt, dass jeder Mensch sich sein eigenes Bild von der Realität auf Basis seiner Eindrücke und Erlebnisse machen muss. Der Mensch reagiert nicht auf Reize einer objektiven Welt, sondern auf Sinneseindrücke, welche eine subjektive Realität bilden.[20] Die eigene Erfahrung sowie Vorwissen hat eine essentielle Bedeutung für das Lernen. Um möglichst effektiv zu lernen ist es wichtig, sich selbstständig zu Beteiligen und das Lernen eigenverantwortlich zu organisieren.

3.4 Vergleich der Lerntheorien

Alle drei Lerntheorien basieren auf verschieden Annahmen und Denkweisen. Während beim Behaviorismus das Verhalten durch Umwelteinflüsse erklärt wird, geht man im Kognitivismus davon aus, dass Verhalten durch kognitive Prozesse beeinflusst wird.[21] Der Behaviorismus sowie der Kognitivismus haben jedoch die gleiche Basis ihn ihrer Denkweise. Der Konstruktivismus hingegen basiert auf einer anderen Annahme. Die Theorie geht von einer subjektiven Wahrnehmung aus, die auf verschiedenen Sinneseindrücken und Vorwissen basiert. Des Weiteren liegen Unterschiede in der Entstehungszeit der Theorien vor. Der Kognitivismus gilt beispielsweise als „moderner Zweig der Psychologie"[22]. Hinzu kommen die unterschiedlichen Untersuchungsfaktoren. Während im Behaviorismus und Konstruktivismus überwiegend äußere Faktoren betrachtet werden, wird beim Kognitivismus die „innerpsychischen Prozesse des Menschen [betrachtet]".[23]

---

[19] *Feess, Prof. Dr. E., Thommen, Prof. Dr. J.*, Konstruktivismus, 2018, o. S.
[20] Vgl. *Gerginov, D.*, Kontruktionsprozess, 2013, o. S.
[21] Vgl. *Höhne, S.*, Kognitivismus, 2015, o. S.
[22] Ebd.
[23] *Gerginov, D.*, Vergleich, 2013, o. S.

4 Strategie der Sprachlern-Apps

4.1 Lernstrategie von Sprachlern-Apps

Sprachlern-Apps gewinnen immer mehr an Popularität und werden immer häufiger verwendet. Diese Entwicklung wird durch die voranschreitende Digitalisierung ermöglicht. Sprachlern-Apps werben damit, dass Nutzer neue Sprachen innerhalb kurzer Zeit erlernen können. Dazu werden zu Beginn reale Situationen beispielsweise eine Kaffeebestellung im Urlaub simuliert. Dadurch lernt der Nutzer das wichtigste Vokabular, um sich in einem fremden Land, mit Menschen in verschiedensten Situationen verständigen zu können. Gelernt wird mithilfe von Wiederholungen und Visualisierung. Man spricht und schreibt die neuen Wörter nach. Zudem gibt es Lernarten, die denen einer Unterrichtseinheit ähneln wie beispielsweise Lückentexte oder Bilder welche zu der passenden Vokabel zugeordnet werden müssen. Die Sprachlern-Apps basieren auf dem Wiederholungsprinzip. Immer wieder muss man die neu gelernten Wörter in einer anderen Art und Weise wiederholen um die Wörter bestmöglich zu vertiefen. Im Laufe des Lernprozesses werden die Aufgaben immer komplexer. Während der Nutzer zu Beginn den Fokus auf das Vokabellernen legt, muss er nach einiger Zeit zum Beispiel Sätze bilden und auf die Grammatik achten. Im Anschluss an jede Aufgabe erhält der Nutzer umgehend Feedback zu seiner Leistung. Fehlerhafte Teile werden dann noch einmal wiederholt bis sie richtig absolviert werden. Durch die spielerische Darstellung von Inhalten ist das Lernen der Sprache für den Nutzer mit Spaß und Freude verbunden. Durch kleine Kapitel und Belohnungen mit zum Beispiel einem Punktesystem oder virtuellen Pokalen wird das Belohnungszentrum ihm Gehirn aktiviert. Das sorgt dafür, dass der Spaß am Lernen nachhaltig vorhanden bleibt und die Motivation, neues zu lernen, gesteigert wird.

4.2 Vorteil der Sprachlern-Apps

Ein wesentlicher Vorteil von Sprachlern-Apps ist die Zeit- und Ortsunabhängigkeit. Während man in einer Sprachschule oder im Schulunterricht zu bestimmten Zeiten verpflichtet ist anwesend zu sein, kann man sich bei Sprachlern-Apps selbst die Zeit einteilen, in der man lernen möchte. So hat man zum Lernen ungestörte und trotzdem gesteuerte Verhältnisse.[24] Störungen im Unterricht bleiben aus, sodass man sich voll und ganz dem von der App gesteuerten Lernstoff widmen kann. Dadurch kann man den Lernstoff effektiver aufnehmen ohne immer wieder durch die Umgebung beeinflusst oder unterbrochen zu werden. Ein weiterer Vorteil ist der Preis. Für eine Sprachschule muss man im Monat mit über 300 Euro rechnen während man für eine Sprachlern-App einen geringeren Preis im meist zweistelligen Bereich zahlen muss. Hinzu kommt die Flexibilität. Mit einer App kann man im eigenen Tempo lernen. Man muss sich keine Sorgen machen, dass man den Anschluss an die Gruppe im Unterricht verliert und man kann die Inhalte so oft weiderholen, bis man sich sicher fühlt und den Lernstoff verstanden hat. Die Lerneinheiten können auch zu jeder Uhrzeit, angepasst an den persönlichen Alltag, absolviert werden.[25]

4.3 Nachteile der Sprachlern-Apps

Sprachlern-Apps bringen einige Nachteile mit sich. Die Apps beziehen sich, anders als zum Beispiel Lehrkräfte oder Lerngruppen, nicht auf eine bestimmte Zielgruppe.[26] Jeder Nutzer der App wird gleich behandelt, unabhängig vom Alter, der Motivation oder des Ziels des Nutzers. Für einen Urlaub ist es beispielsweise anderes Vokabular wichtiger als bei einer Geschäftsreise. Man kann also keine Prioritäten setzten, welche Bereiche der Sprache man zuerst oder lieber später lernen möchte. Ein weiterer Nachteil ist der fehlende Zwang. Personen, welche Schwierigkeiten mit längerer Aufmerksamkeit oder Motivationsprobleme haben werden bei Sprachlern-Apps eher dazu tendieren, sich abzulenken und ihren Fokus auf andere Dinge legen. Durch Sprachkurse oder Unterricht werden die Lernenden regelmäßig an bestimmten Tagen zu bestimmten Uhrzeiten zum Lernen gezwungen.[27] Hinzu kommt, dass „ein qualifizierter Lehrer .. Fragen beantworten und die Aussprache gezielt korrigieren [kann].[28] Dadurch besteht nicht die Gefahr, dass der Lernende sich Wörter mit einer falschen oder fehlerhaften Aussprache aneignet. Mehrmals wiederholte Fehler sind im Nachhinein schwierig zu ändern, da sich der Fehler bis dahin

---

[24] Vgl. *Rösler, D.,* Big Data, 2019, o. S
[25] Vgl. *Buchmann, P.,* Sprachschule, 2022, o. S.
[26] Vgl. ebd.
[27] Vgl. ebd.
[28] *Buchmann, P.,* Sprachschule, 2022, o. S.

bereits im Gehirn gefestigt hat. Um einen möglichst effektiven Lernerfolg zu erzielen sollten aufkommende Fragen möglichst schnell beantwortet werden. In einem Sprachunterricht mit einer Lehrkraft ist das möglich, beim Lernen mit einer Sprachlern-App jedoch nicht. Fragen bleiben aus dem Grund meist unbeantwortet und verzögern damit den effektiven Spracherwerb.

5 Sprachlern-Apps in Bezug auf Lerntheorien, Zeit- und Selbstmanagement

5.1 Lernstrategien und Sprachlern-Apps im Vergleich

Zu der Frage, wie der Mensch lernt gibt es verschiedene Theorien. Basieren die Sprachlern-Apps auf den bekannten Lerntheorien wie Behaviorismus, Kognitivismus und Konstruktivismus?

Laut der Theorie des Behaviorismus lernt man durch Reize aus der Umwelt, welche man aufnimmt und an das eigene Verhalten adaptiert.[29] Beim Lernen mit einer App ist es nicht möglich Reize aus der Umwelt aufzunehmen. Der Lernende sitzt vor einem Bildschirm und kann nur die Reize auf dem Display aufnehmen und verwenden. Das erschwert das Lernen laut der Theorie des Behaviorismus, da nur sehr wenig Reize vermittelt beziehungsweise aufgenommen werden können. Würde man beispielsweise in einer Sprachschule sitzen kann man verschiedene Reize von der Lehrkraft oder der Lerngruppe aufnehmen, um diese zu adaptieren.

Die Theorie des Kognitivismus sagt aus, dass man dadurch lernt, Informationen aufzunehmen, abzuspeichern und anzuwenden. Um diese Prozesse bestmöglich durchführen zu können muss Aufmerksamkeit geweckt werden, eine abwechslungsreiche Lernphase bereitgestellt sein und leicht wahrnehmbar sein. Diese Faktoren sind bei dem Lernen mit einer App gegeben. Die Aufmerksamkeit wird durch verschiedene Simulationen von Situationen im Alltag geweckt. Die Übungen werden abwechslungsreich durch verschiedene Aufgaben gestaltet wie beispielsweise Lückentexte, Übungen zur Aussprache oder

---

[29] Vgl. *Baumgartner, P.*, Lerntheorien, 2003, S. 3

11

Wörter aus einem Dialog heraushören. Durch diese Varietät an Übungen werden die verschiedenen kognitiven Prozesse unterstützt was laut der Theorie des Kognitivismus Lernerfolg verspricht.

Die Konstruktivismus-Theorie basiert auf der Annahme, dass der Mensch auf Sinneseindrücke reagiert, welche eine Subjektive Realität bilden.[30] Man muss Selbstständig und eigenverantwortlich lernen. Bei dem Spracherwerb mit einer App muss man ebenfalls eigenverantwortlich lernen. Dadurch das es keine festen Termine in der Woche gibt an denen gelernt wird ist der Lernende selbst dazu verpflichtet sich eine gewisse Zeit für das Lernen der Sprache frei zu halten und diese im Anschluss auch zu Nutzen. Hinzu kommt, dass der Lernende sich aktiv beteiligen muss um einen Lernerfolg zu erzielen. Anders als in einer Sprachschule oder im Schulunterricht kann der Lernende nicht einfach nur zuhören und sich nicht selbst beteiligen. Im Gegenteil, er muss, um Fortschritte zu erzielen, sich selber beteiligen und die Aufgaben eigenständig lösen.

5.2 Einfluss von Sprachlern-Apps auf das Zeitmanagement

Zeitmanagement ist ein wichtiger Bestandteil im Leben. Jeden Tag planen wir unsere Termine und stimmen sie aufeinander ab. Ziel ist es, für die uns wichtigen Dinge Zeit zu finden um diese durchführen oder erleben zu können. Möchte man eine neue Sprache lernen nimmt der Lernprozess einen großen Teil im Alltag ein. Umso wichtiger ist es, dass man den Lernprozess in den Tag einplanen kann. Bei einer Sprachschule beziehungsweise im Unterricht hat man jede Woche einen oder mehrere feste Termine zum Lernen. Dies hat den Vorteil, dass man weit ihm Voraus die übrigen Termine um diese Stunden herum planen kann. Man ist hingegen aber auch unflexibler. Wenn ein wichtiger Termin dazwischen kommt kann man den Sprachunterricht nicht einfach verschieben. Als Folge muss einer der beiden Termine, der Sprachunterricht oder der neu aufgekommene Termin, ausfallen. Bei einer Sprachlern-App hat man keine festen Lerneinheiten. Jeder Nutzer kann selber entscheiden, wann und wie lange er am Tag oder in der Woche lernen möchte. Dadurch ist es möglich, die Lerneinheiten in jeden Alltag einzubringen und an die persönlichen Präferenzen anzupassen. Hinzu kommt, dass man sich den Anfahrtsweg

---

[30] Vgl. *Gerginov, D.*, Kontruktionsprozess, 2013, o. S.

spart. Die Zeit die man Vorher zum Sprachunterricht gefahren ist kann man nun schon zum Lernen verwenden. Auch in einem stressigen Alltag findet man so immer einige Minuten, in denen man etwas für die neue Sprache lernen kann. Menschen die bisher kein Zeitmanagement betrieben haben beziehungsweise Schwierigkeiten haben, ihren Alltag zu planen, kann es helfen zum Beispiel abends vor dem Schlafen gehen eine kurze Lerneinheit zu absolvieren anstatt einen Nachmittag für einen Sprachkurs frei zu räumen.

5.3 Einfluss von Sprachlern-Apps auf das Selbstmanagement

Beim Spracherwerb ist das Selbstmanagement ein entscheidender Faktor. Fehlt die intrinsische Motivation ist es schwierig eine neue Sprache zu lernen. Um eine Sprache nachhaltig und erfolgreich zu lernen muss der Wille und die Motivation vorhanden sein, Arbeit und Zeit in den Lernprozess einzubringen. Sprachlern-Apps können den Lernenden jedoch unterstützen. Durch kleine Lektionen erreicht der Lernenden kontinuierlich kleine Etappenziele.[31] Dadurch erhält er häufiger Erfolgserlebnisse und bleibt motiviert. Motivation ist wichtig um gesetzte Ziele zu erreichen. „Students´ attention is driven by curiosity"[32]. Das heißt, dass der Lernende neugierig gemacht werden muss um motiviert und aufmerksam beim Thema beziehungsweise Lernprozess zu bleiben. Digital mit einer App zu lernen ist für viele etwas Neues und somit Spanendes. Die Neugierigkeit und Aufmerksamkeit des Lernenden auf das, was auf ihn zukommt sorgt dafür, dass seine Wahrnehmung gesteigert wird, was den Lernprozess unterstütztet. Zudem starten die Lern-Apps mit leicht zu lernenden Wörter und Sätzen und steigern sich mit der Zeit. So hat man nicht sofort zu Beginn Schwierigkeiten mit Grammatik und kann sich erst einmal auf die Grundlagen der Sprache einlassen. Des Weiteren kann der Lernende seine persönlichen Wünsche angeben, wie häufig und wie lange er lernen möchte. Dadurch ist der Lerntempo individuell auf jeden Nutzer abgestimmt.[33]

---

[31] Vgl. https://de.babbel.com
[32] *Amiruddin, M. H., u.a.,* Motivation Level, 2020, S. 256
[33] Vgl. https://de.babbel.com

6 Fazit

E-Learning und insbesondere das Lernen von Sprachen online wird durch die Digitalisierung und Globalisierung immer weiter an Relevanz gewinnen. Durch die immer weiter steigende Vernetzung der Welt ist es umso wichtiger die Sprachen von anderen Kulturen und Regionen sprechen und verstehen zu können um eine klare Kommunikation gewährleisten zu können. Sprachlern-Apps können dazu einen Beitrag leisten. Durch Ihre Strategie des Lernens basierend auf anerkannten und Lerntheorien wird dem Nutzer ein Nachhaltiges Sprachenlernen versprochen und geboten. Hinzu kommen Vorteile wie die Flexibilität der Lerneinheiten und -zeiten oder das Lernen im persönlichem Tempo.

Die Strategie der Sprachlern-Apps (insbesondere geprüft am Beispiel von Babbel) basiert auf der Theorie des Kognitivismus. Kognitive Faktoren wie Wahrnehmung, Aufmerksamkeit und Motivation werden durch Sprachlern-Apps gefordert um den Spracherwerb nachhaltig zu optimieren und dem Lernenden die bestmöglichen Erfolgschancen auf den Fremdspracherwerb zu bieten. Hinzu kommen einige Aspekte aus der Konstruktivismus-Theorie wie beispielsweise die Relevanz von eigenständiger Beteiligung. Durch die direkte Interaktion mit der App oder dem Programm beteiligt sich der lernende kontinuierlich am Lernprozess und hört nicht nur einfach zum Beispiel einer Lehrkraft zu. Auch dadurch wird der Lernprozess gefördert.

Des Weiteren haben Sprachlern-Apps einen positiven Einfluss auf das Zeitmanagement des Nutzers. Jeden Tag zu von dem Nutzer ausgewählten Zeiten ertönt eine Erinnerung um die Lerneinheit zu starten.[34] Dadurch gerät das Lernen nicht in Vergessenheit und man hat einen kontinuierlichen Lernfortschritt.

Hinzu kommt die Unterstützung beim Selbstmanagement. Sprachlern-Apps unterstützen den Nutzer durch motivierende kleine Etappenziele.[35] Dadurch erhält der Nutzer kontinuierlich neue Motivation und der Wille zum Lernen der Sprache bleibt erhalten.

Jeder Mensch ist einzigartig, was eine pauschale Aussage, ob man eine bestimmte Lernform nutzen sollte erschwert. Durch kostenfreie Test-Monate kann jeder Nutzer selbst für

---

[34] Vgl. https://de.babbel.com
[35] Vgl. ebd.

sich entscheiden, ob es seinem Lerntyp entspricht oder ob er lieber auf die konventionelle Art des Lernens, in einer Sprachschule, zurückgreift.

Zudem entwickeln sich Sprachlern-Apps kontinuierlich weiter und es entstehen im Rahmen der Digitalisierung immer mehr Möglichkeiten. Das digitale Lernen einer Sprache kann Aufgrund der Berücksichtigung verschiedener Lerntheorien nachhaltig Erfolg bringen und durch die passenden Strategien zum Fremdspracherwerb führen sowie das Zeit- und Selbstmanagement optimieren.

Literaturverzeichnis

Baumgartner, Peter (Lerntheorien, 2003): E-Learning: Lerntheorien und Lernwerkzeuge (2003), S. 3

Behringer, Stefan (Unternehmensbewertung, 2009): Unternehmensbewertung der Mittel- und Kleinbetriebe, 4. Aufl., Berlin: Springer, 2009

Journal of Technical Education and Training (Motivation Level, 2020): The Motivation Level towards the Application of Google Apps among Part-time Students: A Case Study, Aufl. 12, Tun Hussien Onn Malaysia, 2020

Kleinmann, Martin; König, Cornelius (Zeitmanagement, 2018): Zeit- & Selbstmanagement, in Praxis der Personalpsychologie, Nr. 38, S. 2

Langguth, Heike (Wertmanagement, 2008): Kapitalmarktorientiertes Wertmanagement,

Rösler, Dietmar (Big Data, 2019): Auf dem Weg zum Babelfisch? Fremdsprachenlernen im Zeitalter von Big Data, Berlin, Boston, 2019

Treumann, Klaus Peter; Ganguin, Sonja; Arens, Markus (E-Learning, 2012): E-Learning in der beruflichen Bildung, 1. Aufl., Wiesbaden, 2012

Weisweiler, Silke; Dirscherl, Birgit; Braumandl, Isabell (Selbstmanagement, 2013): Zeit- & Selbstmanagement, Springer Verlag Berlin Heidelberg, 2013

Internetquellen

https://de.babbel.com

Bonnemann, Detlef; Rickal, Thomas (Konditionierung, 1998): Einführung in die klassische Konditionierung, https://www.uni-due.de/~gvo000/entwuerfe/thomasr/Konditionierung/klassische_konditionierung.htm (kein Datumsangabe) [Zugriff 31.05.2022]

Buchamann, Peter, (Sprachschule, 2022): Fremdsprachen lernen per App – Die Sprachschule in der Hosentasche, https://www.srf.ch/news/panorama/fremdsprachen-lernen-per-app-die-sprachschule-in-der-hosentasche (25.05.2022) [Zugriff 07.06.2022]

Feess, Prof. Dr. Eberhard; Thommen, Prof. Dr. Jean-Paul (Konstruktivismus, 2018): Konstruktivismus, https://wirtschaftslexikon.gabler.de/definition/konstruktivismus-37530/version-260964 (19.02.2018) [Zugriff 31.05.2022]

Gerginov, David (Konstruktionsprozess, 2013): Auf einen Blick: Behaviorismus, Kognitivismus und Konstruktivismus, <Behaviorismus, Kognitivismus & Konstruktivismus im Überblick > GeVestor> (03.07.2013) [Zugriff 01.06.2022]

Gerginov, David, (Vergleich, 2013): Auf einen Blick: Behaviorismus, Kognitivismus und Konstruktivismus, https://www.gevestor.de/finanzwissen/oekonomie/wirtschaftstheorien/behaviorismus-kognitivismus-und-konstruktivismus-drei-theorien-auf-einen-blick-654353.html (03.07.2013) [Zugriff 13.06.2022]

Höhne, Sebastian (Kognitivismus, 2015): Kognitivismus, www.lernpsychologie.net/lerntheorien/kognitivismus (keine Datumsangabe) [Zugriff 31.05.2022]

Mercator Institut (Erstspracherwerb, 2021): Erstspracherwerb, https://www.mercator-institut-sprachfoerderung.de/de/themenportal/thema/erstspracherwerb/> (24.06.2021) [Zugriff 31.05.2022]

Tritscher-Archan, Sabine (Fremdsprachen, 2008): Fremdsprachen für die Wirtschaft, https://www.ams-forschungsnetzwerk.at/downloadpub/fb143_fremdsprachen.pdf#page=123 (keine Datumsangabe) [Zugriff 13.06.2022]

ZEIT ONLINE (Lernvideos, 2021): Kann man so lernen?, <https://www.zeit.de/digital/2021/2021-07/lernvideos-lern-apps-schule-unterricht-erfahrungen-simpleclub-sofatutor/seite-2?utm_referrer=https%3A%2F%2Fwww.google.com%2F> (2021-07) Zugriff 30.05.2022]

BEI GRIN MACHT SICH IHR WISSEN BEZAHLT

- Wir veröffentlichen Ihre Hausarbeit,
  Bachelor- und Masterarbeit

- Ihr eigenes eBook und Buch -
  weltweit in allen wichtigen Shops

- Verdienen Sie an jedem Verkauf

Jetzt bei www.GRIN.com hochladen und kostenlos publizieren